Väter hinter Gitter

Haft aus der Sicht eines Insassen

Jürgen Hartl

AF220622

Väter hinter Gitter

Jürgen Hartl

Sachbuch

Impressum

Bibliografische Information der Deutschen Nationalbibliothek:
Die Deutsche Nationalbibliothek verzeichnet diese Publikation
in der Deutschen Nationalbibliografie; detaillierte
bibliografische Daten sind im Internet über http://dnb.dnb.de
abrufbar.

© 2021 Jürgen Hartl

Herstellung und Verlag: BoD – Books on Demand,
Norderstedt

ISBN: 978-3- 7543- 1789-1

Vorwort

Dieses Buch ist ebenso fehlerhaft wie das Leben des Autors, ja wie das Leben selbst.

Es handelt von Erfahrungen, Gefühlen, Eindrücken und Bemühungen während der Haftzeit.

Lesen Sie es und denken Sie nach, den dieses Buch soll keine Ansichten, formen oder bestätigen, es soll zum nach Denken anregen.

Und für alle die hier die Fehler finden oder suchen und sich darüber aufregen, ich hoffe dies machen sie bei Ihren eigenen Fehlern auch so.

Vollzug und Familie

Bei jeder Straftat gibt es zwei Arten von Opfern, die direkten Opfer, die unmittelbar durch die Tat geschädigt wurden und die indirekten Opfer, das sind zb. auch Die Familienangehörigen des Täters. Dieseleiden häufig sehr unter der Inhaftierung des Vaters, der Mutter oder eines anderen Familienmitglieds. Besonders schwierig ist diese Situation für die Kinder, die oft nicht einmal wissen was mit ihrem Papa oder ihrer Mama ist. Noch immer gibt es viel zu wenige Mutter – Kind – Plätze in deutschen Gefängnissen, so dass die Kinder zumeist in Heimen untergebracht werden, wenn es sich bei der Mutter um eine Alleinerziehende handelt.

Für Väter ist es noch schwieriger, noch viel zu selten gibt es spezielle Vater – Kind – Projekte in den Haftanstalten. Häufig stehen nur dir Regulären Besucher zu Verfügung in denen die Anwesenheit von Kindern oft von den Mithäftlingen als störend empfunden wird und es auch schwierig ist den Besuch Kindgerecht zu gestalten.

Hier wären spezielle Vater – Kind – Besuchszeiten nötig, die den Kindern auch das im § 1684 BGB stehende Recht auf Umgang mit beiden Elternteilen ermöglichen. Ohne hin stehen Ehe und Familie nach Artikel 6 des Grundgesetzes unter besonderem Schutz des Staats.

Der Strafvollzug als Sanktion für regelwidriges kriminelles Verhalten ist dem gegen über nach geordnetes Recht.

In der Praxis werden jedoch die Ziele Strafvollzugs höher bewertet als der Schutz der Familie. Was bedeutet, dass hier Unschuldige Bürger, in erster Linie Kinder um ihre Rechte gebracht werden, wodurch diese zu Opfern werden. Auch bedeutet dies, dass hier die Väter oder auch die Mütter um ihre Chance gebracht werden, mit ihren Familien ins reine zukommen.

Dabei zeigen einzelne Haftanstalten, wie die JVA Anraht, die JVA Bielefeld, die JVA Nürnberg und die JVA Heimsheim das es sehr wohl möglich ist ein Vater – Kind – Projekt zu organisieren. Hierzu werden häufig Freiwillige bzw. Ehrenamtliche Mitarbeiter eingesetzt.

In manchen englischen Gefängnissen haben die Insassen sogar die Möglichkeit Geschichten auf CD oder DVD zu sprechen und diese ihrem Nachwuchs zu schicken. Vorläufer hiervon waren die vorlesenden Soldaten der Royal Associaton, die auf diese Weise Kontakt zu ihren Kindern hielten, wenn sie im Einsatz waren.

Wünschenswert wäre es das solche Projekte Standard in allen Gefängnissen werden, da es sicher auch ein guter Beitrag zur Resozialisierung der Insassen wäre.

Der Blick aus dem Fenster

Ist ein blick durch die Gitter, für zartbesaitete ist das schon bitter. Doch bist du auch stark hast nerven aus Stahl, wird der blick aus dem Fenster doch manchmal zur Qual. Du denkst dann an früher, vergangene Zeiten, vergleichst es mit jetzt, beginnst dann zu leiden, das kostet nur Kraft drum sollst Du s vermeiden, denk lieber an morgen, ankommende Zeiten, an Träume und Pläne für bessere Zeiten, das macht dir dann Hoffnung, vertreibt Dir die Zeit und macht Dich für die Freiheit bereit.

Väter hinter Gitter

Viele Gefangene haben Kinder und kennen deshalb die Sorgen und Nöte, die damit verbunden sind.

Bereits direkt nach der Inhaftierung beginnen die Sorgen, man muss sich mit vielen Fragen beschäftigen, als erstes stellt sich meistens die Frage, ob man seinem Kind sagen sollte, wo man ist, hier ist es meine Überzeugung das man von Beginn an ehrlich zu seinem Kind oder auch Kindern sein sollte. Denn ich persönlich denke, dass es besser für ein Kind ist, wenn es die Wahrheit gleich von Anfang an erfährt und nicht später erst erfahren muss. Oder von anderen, dass es von seinem Vater angelogen wurde!

Die zweite Frage, die man sich stellen muss, ist sollte ein Kind zu Besuch in die Anstalt kommen, dies ist natürlich eine äußerst schwierige Frage, aber ich denke man sollte versuchen den Kontakt so weit wie möglich zu erhalten und dazu gehört natürlich auch der persönliche Kontakt, je nach alter des Kindes.

Glücklich können sich hier all diejenigen Schätzen die sich in einer funktionierenden Partnerschaft befinden und sich somit auf die Unterstützung der Partnerin verlassen können, die das Kind dann auch auf den Besuch vorbereiten kann. Schwierig wird es jedoch, wenn man von der Kindesmutter getrennt lebt, vor allem dann, wenn man nicht verheiratet war.

Ist die Kindesmutter dann noch gegen den Kontakt wird das Unterfangen Kontakt zu seinem Kind zu halten, zu einem Kampf gegen Windmühlen. Selbst mit Unterstützung vom Jugendamt, bleibt letztlich meist nur der Weg zum Familiengericht. Doch selbst dann hat man keine Garantie, dass ein Kontakt tatsächlich zu Stande kommt. Häufig ist es sogar so, dass die Kindesmutter dann komplett den Kontakt blockiert. Theoretisch hätte man dann zwar die Möglichkeit, erneut zu klagen, was zur Folge hätte, dass die Ex- Partnerin ein Zwangsgeld bezahlen müsste.

Also ändert dies meist auch nichts und das Geld würde dann auch indirekt dem Kind wieder fehlen. Zudem möchte man sicher vor seinem Sprössling nicht als derjenige dastehen, der die Mama vor Gericht gebracht hat bzw. sie verklagt hat.

Letzt endlich bleibt einem nur der Versuch, es mit viel Geduld und Diplomatie zu probieren, um so eventuell zumindest telefonisch Kontakt halten zu können. Außerdem sollte man auch nicht einfach aufgeben. Viele geben einem den Rat den Kontakt während der Haft abzubrechen und erst danach wieder aufzunehmen, sicher wäre dies der Einfachste Weg. Doch gerade deshalb sitzen viele doch hier in der JVA ein. Weil sie den einfachsten Weg gewählt haben. Vor allem hat man ja nicht nur das Recht Kontakt mit seinem Kind zu haben, sondern auch die Pflicht, dies ist im BGB § 1684 so festgeschrieben, zusätzlich hat natürlich auch das Kind ein Recht auf Umgang mit beiden Elternteilen.

Auch sollte einem auch bewusst sein, dass man als Vater zu einem großen Teil bereits durch die Tatsache versagt hat, dass man Straffällig geworden ist. Was jedoch keine Rechtfertigung dafür sein sollte, sich nun vor seinen Pflichten als Vater zu drücken, vielmehr sollte gerade deshalb der Kontakt gepflegt werden, zumindest wenn man sich selbst als Vater bezeichnet. Denn häufig wird ein Vater, heut zu Tage nur noch als Erzeuger bezeichnet, was ich jedoch nicht nur diskriminierend, sondern, auch in höchstem Masse menschenverachtend finde.

So würde auch niemand eine Mutter, Erzeugerin nennen oder gar ein intaktes Elternpaar als Erzeugergemeinschaft bezeichnen.

Genau aus diesem Grunde finde ich es so wichtig, dass die Väterlichen Pflichten, zumindest, soweit es möglich ist, wahrgenommen werden. Dies beinhaltet vor allem auch, dass man versuchen sollte, im Rahmen seiner Möglichkeiten Unterhaltszahlungen zu leisten, selbst dann, wenn es sich dabei nur um geringe Geldbeträge handelt, Den hier geht es vor allem auch um den symbolischen Wert und nicht ausschließlich um den wirtschaftlichen Wert. Zumindest hat man es dann versucht. Natürlich dürfte es schwierig, wenn nicht sogar unmöglich sein, den vollen Unterhalt zu zahlen.

Die Pflichten eines Vaters beinhalten jedoch nicht nur die Zahlung des Unterhaltes, sondern auch den persönlichen Kontakt zum Kind.

Hier sollte man wissen, dass die Inhaftierung zumindest aus Rechtlicher Sicht kein Grund für ein Kontaktverbot ist. Zu diesem Thema hier einige Informationen.

Ist der Umgang wegen Inhaftierung des Berechtigten einzuschränken?

1. Ist der Umgang ganz auszuschließen?

Die Haft rechtfertigt an sich keinen Ausschluss, aber Art und Ort der Durchführung des Umgangs müssen dem Kindeswohl entsprechen, BGH Fam RZ 1984, 1084, OLG Köln Kind Prax 1999, 173, OLG Hamm Fam RZ 2003, 951.

Wenn ein Kindgerechter Besuch im Gefängnis nicht möglich ist, kommt ein Ausschluss in Betracht, OLG Frankfurt Fam RZ 1995, 1431. Dass das Kind den inhaftierten Elternteil noch nie gesehen hat, steht dem Umgang nicht entgegen, sondern macht ihn umso notwendiger, OLG Hamm RZ 2003,951

2. Könnte ein Umgang Kindgerecht geregelt werden?

a. Wo kann der Umgang stattfinden?

Aufzuklären ist, ob in der JVA ein Spielzimmer o.ä. vorhanden ist oder ob ggf. sogar Treffen außerhalb der JVA (z.b. bei einer Kinderschutz - Organisation) möglich sind, OLG Hamm Fam RZ 2003,951.

b. Wer ist anwesend?

Eine Begleitung und Vorbereitung des Kindes durch eine Vertrauensperson (möglichst durch den anderen Elternteil) ist anzuordnen, OLG Hamm Fam RZ 2003, 951.

c. In welchem Turnus?

Ein 14- tägiger Umgang ist der Sorgeelternteil grds, nicht zuzumuten, Olg Hamm RZ 2003,951.

Natürlich ergeben sich hieraus auch wieder viele Fragen wie z.b. was versteht man unter einem Kindgerechtem Besuch, dies kann man denke ich nicht so pauschal beantworten, da es ja auch vom Alter, vom Geschlecht und vom Wesen des Kindes abhängig ist.

Ohnehin ist dies ein Thema, das viele Fragen aufwirft, aber so gut wie keine Antworten bietet.

In den meisten Fällen bleibt man also der Gnade der Kindesmutter ausgeliefert, was bzw. worin sich ein altes Sprichwort oder besser gesagt ein altes Zitat bewahrheitet, das da wäre: Die Hand an der Wiege, ist die Hand, die die Welt regiert.

Wie halte ich Kontakt zu meinen Kindern?

Abgesehen vom Besuch, der sich jedoch häufig schwierig gestaltet, gibt es natürlich noch die Möglichkeit zu Telefonieren oder Briefe zu schreiben. Jedoch ist es gerade bei kleineren Kindern schwierig am Telefon ein Gespräch zu fuhren oder Briefe zu schreiben, die das Kind auch versteht bzw. diese so zu gestalten das man seinen Sprössling nicht noch mit zusätzlichen Problemen belastet.

Häufig weiß man auch nicht, ob die Frau oder die Ex — Freundin dem Kind, die Briefe überhaupt vorliest.

Aus diesem Grund ist es ratsam den Briefen immer auch eine Zeichnung bzw. ein Bild hinzuzufügen. Hierbei ist es gar nicht so wichtig, ob man Talent zum Malen hat, wichtig ist nur das man es selbst gestaltet hat. Wenn einem die Ideen zum Malen ausgehen, ist es am besten, wenn man beim nächsten Telefonat fragt, was man am besten Malen sollte, so hat man wenigstens die Möglichkeit seinem Nachwuchs ab und zu einen kleinen Wunsch zu erfüllen. Man kann auch versuchen den Bildern eine persönliche Note zu geben, eine ganz einfache Variante ist, das man einfach die Umrisse seiner Hand auf ein Papier zeichnet und daraus dann ein Bild konstruiert. Hier kann man zum Beispiel das innere der Hand als Wasser bzw. als Meer gestalten und außen herum eine Landschaft zeichnen. Natürlich sind hier der Fantasie keine Grenzen gesetzt.

Eine wichtige Regel sollte jedoch steht's bei jedem Brief oder Telefonat beachtet werden, niemals darf man schlecht vor seinem Nachwuchs über die Partnerin oder die Ex - Partnerin reden bzw. schreiben. Dies gebietet nicht nur der Anstand, sondern ist im Familien Gesetz auch klar geregelt und kann sich bei nicht Beachtung auch negativ auf das Umgangsrecht auswirken. Abgesehen davon sollte man seine Sprösslinge oder seinen Sprössling auch nicht noch mit den Problemen, die man mit der Partnerin bzw. der Ex — Partnerin hat belasten

Hinter Gittern aus Sicht eines Verurteilten

Wie empfinde ich die Haft? Diese Frage lässt sieht gar nicht so einfach beantworten, da es stark von der jeweiligen Tagesform oder aber auch von den momentanen Umständen abhängig ist (Mithäftlinge, Bedienstete oder Familiäre Situation). Die meisten Gedanken macht man sich sicherlich am beging der Haftzeit, wenn einem das Urteil noch bevorsteht. Vor allem direkt nach dem die Polizei die Verhaftung vorgenommen hat und noch nicht klar ist wie lange die Strafe wird bzw. wo man die Haftstrafe absitzen muss.

Überhaupt ist die ständige Ungewissheit das größte Problem, was für ein Urteil bekomme ich? Bekomme ich später eventuell auch die Chance auf eine Entlassung zu 2/3. Das heißt, nach Verbüßen einer Freiheitsstrafe die beispielsweise insgesamt drei Jahre beträgt, kann man nach zwei Jahren zur Bewährung entlassen werden. Wenn man die Formellen Voraussetzungen nach § 57 StGB erfüllt. Aussetzung des Strafrestes bei zeitiger Freiheitsstrafe erfolgt, wenn: „1. zwei Drittel der verhängten Strafe, mindestens jedoch zwei Monate, verbüßt sind,

2. dies unter Berücksichtigung des Sicherheitsinteresses der Allgemeinheit verantwortet werden kann, und

3. die verurteilte Person einwilligt.

Bei der Entscheidung ist insbesondere die Persönlichkeit der verurteilten Person, ihr Vorleben, die Umstände ihrer Tat, das Gewicht des bei einem Rückfall bedrohten Rechtsguts, das Verhalten der verurteilten Person im Vollzug, ihre Lebensverhältnisse und die Wirkung zu berücksichtigen, die von der Aussetzung für sie zu erwarten sind.

Ständig macht man sich Gedanken über den Verlauf der Haft, denkt an die Zeit nach dem Knast oder aber an momentan aktuelle Probleme.

Aber es gibt nicht nur schlechte Dinge in bzw. an der Haft, beispielsweise lernt man mit wenig auszukommen: Wenig Geld, wenig Platz, wenig Möglichkeiten zur freien Entfaltung, wenig Liebe, wenig Platz für Gefühle und vor allem wenig Geborgenheit. Klar gibt es auch dinge die positiv sind, man kann seine komplette Lebenssituation überdenken und neue Pläne für die Zukunft schmieden, ebenso kann man die Zeit nutzen, um seine Kreativität aus zu Leben oder zumindest dies zu versuchen, indem man malt, schreibt oder bastelt. Zumindest insofern es in Rahmen der Anstaltsordnung möglich ist. Es gibt wohl keinen anderen Ort, an dem sich die Gedanken um so viele Kleinigkeiten bzw. umso banale Dinge drehen wie im Gefängnis.

So drehte sich beispielsweise einer meiner ersten Gedanken um ein Lied, das ich aus meiner Schulzeit kannte und in dem es heißt die Gedanken sind frei, so ein Blödsinn dachte ich, den egal über was ich auch nachdachte es kam immer ein Moment, in dem ich an den Knast denken musste.

Ja Knast oder sollte man Gefängnis oder besser als im Behördendeutsch Justizvollzugsanstalt sagen, früher hieß es einmal Zuchthaus, aber früher waren die Häftlinge bzw. die Inhaftierten auch in Zellen untergebracht und nicht wie heute in einem Haftraum, oder sollte man den Haftraum schon nur noch als Lebensabschnittsunterkunft bezeichnen.

Aber wie soll man einem Außenstehenden erklären, wie es im Gefängnis ist, Gefühle kann man nun einmal nur sehr schwer beschreiben und jeder nimmt die Haft auf seine Weise Wahr, jeder Mensch fühlt anders und jeder Mensch hat andere Bedürfnisse, die er vermisst. Jedoch ist sicherlich der Verlust der Räumlichen Freiheit noch das kleinste Problem.

Viel schmerzhafter ist der Verlust der Persönlichen Freiheit bzw. die Entmündigung, die einem handlungsunfähig macht und aus jedem noch so kleinen Problem einen kleinen Staatsakt werden lässt. So sind beispielsweise Telefonate mit Behörden nur über den Sozialarbeiter möglich.

Wodurch aus dingen die normal durch ein Telefonat schnell zu klären währen, oft eine mehr wöchige Aktion wird, da man zuerst einen Antrag an den Sozialarbeiter stellen muss und es dann häufig lange dauert, bis dieser einmal Zeit hat. Ebenso ist der Kontakt zu den Angehörigen sehr schwierig da er lediglich auf Telefonate, Briefe und zwei Besuchstermine im Monat begrenzt ist. Ja Familie, man verpasst die wichtigsten Ereignisse in der Entwicklung seiner Kinder, wie zum Beispiel die Einschulung.

Natürlich vermisst man auch die Partnerin oder die Möglichkeit eine Partnerschaft aufzubauen.

Sicher denkt man bis weilen das ein neu Start ohne Partnerin vielleicht leichter ist, da man dann nur für sich selbst verantwortlich ist, andererseits bietet eine Partnerschaft natürlich auch Halt und Geborgenheit, man vermisst natürlich auch die Nähe zur Partnerin, womit ich nicht einmal auf Sex anspielen möchte, sondern mehr auf die ganz normale Nähe zu einer Frau, kuscheln, einander festhalten, ganz einfache Zärtlichkeiten und das Gefühl nicht alleine zu sein, gebraucht zu werden bzw. jemanden zu haben der auf einem wartet, der einem liebt der einem Vertraut. Aber es bleibt einem nichts anderes übrig als das beste aus der Situation zu machen. Man ist ja selber schuld daran und so versucht man halt die Zeit so sinnvoll wie nur möglich nutzen.

Man geht ihn verschiedene Gesprächsgruppen, versucht wie in meinem Fall, seine Erfahrungen und Ansichten in Texte zu fassen und hofft steht's das es einem gelingt nach der Haft wieder ein normales Leben zu fuhren, man für seine Familie sorgen kann und man auch beruflich gut voran kommt bzw. das man überhaupt erst einmal eine feste Arbeit findet.

Aber dafür muss man erst einmal die Haft hinter sich bringen und das ist nicht gerade immer einfach, den zusätzlich zu den Eigenen Problemen wird man häufig noch mit den Problemen der Anderen belastet. Vor allem Mitgefangenen, die kurzen Strafen haben sind zumeist besonders stark am Jammern und Rauben einem damit den letzten Nerv.

Zusätzlich gibt es dann noch die, die sowieso über alles jammern und scheinbar noch gar nicht so richtig begriffen haben, wo sie eigentlich sind und vor allem nicht wieso. Überhaupt sollte man, um die Haft zu überstehen gute Nerven haben. Ebenso sollte man multinational eingestellt sein da hier jede Kultur zumindest jedoch jede Nationalität vertreten ist.

So das neben guten Nerven auch Toleranz sehr wichtig ist, zwar ist man nicht direkt gezwungen sich mit jedem abzugeben, aber natürlich ist es auch schwierig sich auf einem solch begrenzten Raum aus dem Weg zu gehen. Am besten ist es, wenn man sich ein paar Leute sucht, mit denen man gut auskommt und zum Rest nur guten Morgen, Mahlzeit und gute Nacht sagt und sie ihres Weges ziehen lässt.

Aber es muss hier auch einmal erwähnt werden, dass das Leben im Gefängnis nicht wie häufig gedacht durch Gewalt geprägt ist, sondern dass es hier im Großen und Ganzen eigentlich ziemlich human zu geht und es sehr viel Hilfsbereitschaft unter den Gefangenen gibt, was wohl auch daran liegt das hier quasi alle in einem Boot sitzen bzw. das alle ein Schicksal miteinander teilen.

Natürlich gibt es aber auch ab und zu Streit zwischen den Insassen was wohl auch nicht zu vermeiden ist, wenn so viele Menschen auf so engen Raum zusammenleben müssen.

Zumal man ja nicht nur die eigenen Probleme zu bewältigen hat sondern häufig auch noch mit den Problemen der Angehörigen belastet wird. Das wichtigste ist aber meiner Meinung nach das man die richtige Einstellung zu seiner Strafe hat und diese auch akzeptiert.

Aber wie bereits anfangs gesagt es ist nicht einfach bzw. eigentlich gar nicht möglich einem Außenstehenden zu beschreiben, wie es im Gefängnis ist. Die Erfahrungen der Häftlinge während der Haft sind ebenso verschieden wie die Insassen selbst, jeder hat eine andere Geschichte, jeder eine andere Vergangenheit, jeder eine andere Zukunft.

„Projekt — Familienfrieden"

Konzept

Zielsetzung

1. Das „Projekt — Familienfrieden"
soll das Verständnis der
Familienmitglieder, füreinander fördern
und stärken,

2. Im Bezug auf die Kinder:

a.) Wahrung ihrer Rechte auf Umgang
mit beiden Elternteilen § 1684 BGB

b.) Förderung und Vertiefung der Kontakte zum Vater.

c.) Vermeidung des „elterlichen Entfremdungssyndroms" (PAS = Parental Alienation Syndrome).

3. Im Bezug auf die Angehörigen:

a.) Familiäre Kontakte erhalten und wenn möglich erweitern bzw. vertiefen.

b.) Die Vorschriften und Probleme des Strafvollzuges näher zu bringen und ihnen zu helfen diese zu verstehen und damit, um zu gehen.

c.) Die Probleme und Sorgen der Insassen näher zu bringen und ihnen helfen sie zu verstehen und damit, um zu gehen.

4. Im Bezug auf die Insassen:

a.) den Kontakt zu ihren Kindern und Familien erhalten bzw. auszubauen.

b.) Verantwortungsbewusstsein, Wahrnehmung der Väterlichen Pflichten.

c.) Aneignen von Kompetenten Konfliktlösungsstrategien.

5. Im Bezug auf die JVA:

a.) Aufklärung der Öffentlichkeit.

b.) Abbau von Vorurteilen bezüglich des Strafvollzugs.

c.) Resozialisierung der Insassen.

d.) Wahrung der Rechte der Kinder und Familien nach Artikel 6. Grundgesetz.

Anmeldung und Kosten

1. Anmeldung:

Per Rapportzettel an den Sozialen Dienst.

2. Kosten:

Mit der Anmeldung müssen sich die Insassen bereit erklären 5,00 EURO vom Hausgeldkonto abbuchen zu lassen. Davon werden Kaffee, Getränke, Kuchen etc. Für die Veranstaltung gekauft.

Teilnahmebedingungen (maximal 8 Teilnehmende Insassen)

1. Für Haftinsassen:

a.) Gefangene, die noch keine Lockerungen haben und diese voraussichtlich innerhalb der nächsten sechs Monate auch nicht bekommen werden.

b.) Gefangene, die sich mindestens seit zwei Monaten in der JVA in Strafhaft befinden.

c.) Gefangene, bei denen keine besonderen Sicherungsmaßnahmen angeordnet sind.

2. Für Angehörige:

a.) Leibliche und adoptierte Kinder der Gefangenen sowie Kinder, die im gemeinsamen Haushalt mit der Lebenspartnerin des Haftinsassen leben und zu denen ein enges Verhältnis besteht.

b.) Ehefrau, Kindesmutter

c.) Eine Begleitperson (Verwandte, Freund)

Besuchszeit

1. Die Besuchszeit beträgt 4 Std.

2. Die Insassen müssen 1,5 Std. ihrer Regelbesuchszeit in das Projekt investieren, dies soll das Pflicht Bewusstsein gegen über der Familie stärken und ihren Willen zur Stärkung der Sozialen Kontakte zeigen.

3. Die Anstalt sollte 2,5 Std. als Zeichen ihrer Bereitschaft die sozialen Kontakte ihrer Insassen zu erhalten und zu fördern als Sonderbesuchszeit genehmigen.

Ablauf des Projektes

1. Treffen der Teilnehmenden Insassen (Werktags) mit den Gesprächsthemen:

a.) Ablauf des Besuchstages.

b.) Probleme der Angehörigen von Inhaftierten.

c.) Die Väterlichen Pflichten, Recht des Kindes auf Umgang mit beiden Eltern teilen.

d.) Wie erkläre ich es meinen Kindern.

2.Ablauf des Besuchstages (sonntags)

11,30 - 13,00 Uhr Begrüßung der Angehörigen, gemeinsames Spielen mit den Kindern, sowie Kaffee trinken und Kuchen essen.

13,00 - 14,30 Uhr Gesprächsgruppe für die Angehörigen mit den Themen

Probleme des Strafvollzuges, Sorgen und Nöte der Insassen, die Probleme der Angehörigen und das Recht des Kindes auf Umgang mit beiden Elternteilen.

In dieser Zeit Basteln die Väter mit ihren Kindern, bemalen einer Stofftasche, die die Kinder dann mit nach Hause nehmen dürfen und bemalen eines Blumentopfes als Geschenk für die 2 Mutter.

14,30 - 15,30 Uhr wieder gemeinsames Spielen mit den Kindern.

15,30 Uhr Verabschiedung

3. Treffen der Teilnehmenden Insassen (Werktags)

Rückblick über den Verlauf des Besuchstages

Umgangsrecht

Umgangsrecht ist ein Begriff des Familienrechts. Er beschreibt den Anspruch auf Umgang eines minderjährigen Kindes mit seinen Eltern und jedes Elternteils mit dem Kind, in besonders gelagerten Fällen auch das Recht Dritter auf Umgang mit dem Kind beziehungsweise des Kindes mit Dritten

Die Rechtslage in Deutschland

Das Umgangsrecht ist in Deutschland im Zusammenhang mit der elterlichen Sorge im BGB geregelt; seine Durchsetzung erfolgt in einem Verfahren der freiwilligen

Gerichtsbarkeit vor dem Familiengericht.

Zum Anspruch auf Beratung und Unterstützung durch das Jugendamt hinsichtlich der Ausübung des Umgangsrecht: § 18 Abs. 3 SGB VIII

Umgang zwischen Eltern und Kind

Im Verhältnis zwischen Eltern und Kindern erlangt das Umgangsrecht praktische Bedeutung dann, wenn die Eltern voneinander getrennt leben oder das Kind weder bei der Mutter noch beim Vater lebt.

Ausgangspunkt der Regelung ist der in § 1626 Abs. 3 BGB ausdrücklich niedergelegte Grundgedanke, dass das Kind zu seiner ungestörten Entwicklung des regelmäßigen Umgangs mit beiden Elternteilen bedarf. Diese allgemeine Regelung führt zu der konkreten Normierung eines Umgangsrechts in § 1684 Abs. 1 BGB: Das Kind hat das Recht auf Umgang mit jedem Elternteil, jeder Elternteil ist zum Umgang mit dem Kind verpflichtet und berechtigt.

Im Falle der Trennung der Eltern folgt aus dieser expliziten Regelung die Pflicht desjenigen Elternteils, bei dem das Kind seinen gewöhnlichen Aufenthalt hat, den Umgang mit dem anderen Elternteil zu ermöglichen und jede Störung zu unterlassen. Umgekehrt hat der andere Elternteil nicht nur das Recht auf Umgang, sondern auch eine Pflicht hierzu. Mit der Novelle des Kindschaftsrechts von 1998 wurde im BGB die Pflicht, die zuvor an zweiter Stelle stand, dem Recht vorangestellt.

Das Umgangsrecht des nicht mit dem Kind zusammenwohnenden Elternteils

Soweit der umgangsberechtigte Elternteil sein Umgangsrecht wahrnehmen möchte, kann er, falls es über die Ausgestaltung des Umgangs zu keiner Einigung zwischen den Eltern kommt, das Familiengericht anrufen, das den Umgang verbindlich zu regeln hat.

Die konkrete Ausgestaltung der Umgangsregelung ist nach den Umständen des Einzelfalles unter Abwägung der konkreten Verhältnisse vorzunehmen. Maßstab für die Findung der konkreten Umgangsregelung ist, wie bei allen Streitigkeiten in Fragen des elterlichen Sorgerechts, das Kindeswohl. Hieraus folgt auch, dass es in Ausnahmefällen möglich ist, den Umgang eines Elternteils mit dem Kinde gänzlich zu unterbinden, wenn das Wohl des Kindes dies gebietet (Fälle der Misshandlung o.ä.).

Gerichtliches Verfahren

Im gerichtlichen Verfahren sind zu hören:

das Kind (§ 50b FGG); ggf. ist ein Verfahrenspfleger (Anwalt des Kindes) gern. § 50 FGG zu bestellen;

die Eltern (§ 50a FGG)

die Pflegeperson, wenn das Kind dort seit längerer Zeit lebt (§ 50c FGG) das Jugendamt (§ 49a FGG). Häufige Gerichtspraxis ist, dass das Kind jedes zweite Wochenende bei demjenigen Elternteil verbringen sollte, bei dem es nicht lebt, und mit diesem in den Schulferien einen längeren Zeitraum gemeinsam verbringen soll. Bei sehr jungen Kindern kann aber ein Abweichen von dieser Regelung geboten sein, ebenso dann, wenn die Eltern in großer räumlicher Entfernung voneinander leben.

Kosten des Umgangsrechtes

Der Umgang hat in der Regel ausschließlich auf Kosten die umgangsberechtigten Elternteile zu erfolgen. Allerdings ist der jeweils andere Elternteil verpflichtet, auf die Vermögenslage des umgangsberechtigten Elternteils Rücksicht zu nehmen. Andernfalls droht ein zivilrechtlicher Schadensersatzanspruch aus positiver Vertragsverletzung. Darüber hinaus ist es Aufgabe des Familiengerichtes, insbesondere die sich aus Art. 6 GG ergebenden Rechte beider Elternteile in Übereinstimmung zu bringen.

Hieraus kann für den Elternteil, bei dem das Kind ständig lebt, die Pflicht abgeleitet werden, sich an den Kosten für den Umgang in angemessener Weise (z.B. das Kind zum Bahnhof zu bringen, vgl. Bundesverfassungsgericht, 1 BvR 2029/00) zu beteiligen.

Die fehlende Bereitschaft eines Elternteils, die Bindung des Kindes an den anderen Elternteil zu akzeptieren, stellt ein Defizit dar, welches die Erziehungsfähigkeit des Betroffenen in Frage stellen kann. Sind beide Elternteile zur Übernahme der elterlichen Sorge bereit und in der Lage und besteht lediglich bei einem Elternteil die Tendenz, das Umgangsrecht zu beeinträchtigen, kann dies zu einer ihm ungünstigen Sorgerechtsregelung Anlass geben.

Das Umgangsrecht des Kindes

Erheblich seltener und noch nicht geklärt ist die Frage nach der Durchsetzung des Rechts des Kindes auf Umgang mit dem anderen Elternteil, wenn dieser sich seiner Elternrolle entziehen will, also zu einem regelmäßigen Umgang mit dem Kind nicht bereit ist.

Zwar ist der Anspruch des Kindes nach dem Wortlaut des § 1684 Abs. 1 BGB nicht zweifelhaft, seine Durchsetzbarkeit wird indes mit gewichtigen Argumenten bestritten. Auch hier wäre die Konkrete Ausgestaltung der Umgangsregelung nach den objektiven Bedürfnissen des Kindes zu finden.

Ob der Umgang mit einem unwilligen Elternteil tatsächlich im Interesse des Kindes liegt, ist jedoch zweifelhaft. Eine unregelmäßige und vor allem unzuverlässige Ausübung des Umgangsrechts durch einen Elternteil kann für das Kind mit erheblichen Enttäuschungen verbunden sein, die unter Umständen größeren Schaden anrichten als ihn eine Einstellung des Umgangs mit sich bringt.

Zweifelhaft ist weiterhin, ob der Umgang gegen den Umgangspflichtigen Elternteil durch Verhängung von Zwangsgeld erzwungen werden kann. Das Oberlandesgericht Nürnberg hat die Möglichkeit einer gerichtlichen Erzwingung des Umgangsanspruchs verneint.

Während die Oberlandesgerichte Köln und Celle die Möglichkeit eines familiengerichtlichen Verfahrens zur Durchsetzung des Umgangsrechts des Kindes gegen die Eltern bejaht haben. Das Bundesverfassungsgericht entschied am 1. April 2008, dass ein Umgang nicht durch Zwangsgeld erzwungen werden kann.

Umgang zwischen Dritten und dem Kind

Eine Ausdehnung des Umgangsrechts auf Dritte ist nur eingeschränkt möglich. § 1685 BGB sieht ein Recht auf Umgang mit dem Kind für Großeltern, Geschwister, den Ehegatten oder frühere Ehegatten eines Elternteils sowie den Lebenspartner oder früheren Lebenspartner eines Elternteils vor, wenn diese mit dem Kind längere Zeit in häuslicher Gemeinschaft gelebt haben, ferner für Personen, bei denen das Kind in Familienpflege war. Allerdings gewährt § 1685 Abs. 1 BGB ein Umgangsrecht nur, wenn dies dem Wohl des Kindes dient.

Da eine § 1626 Abs. 3 BGB vergleichbare Vorschrift für die in § 1685 BGB genannten Personen fehlt, geht der Gesetzgeber nicht davon aus, dass der Umgang mit Großeltern etc. ohne weiteres in dem gleichen Maße im Interesse des Kindes liegt, wie dies bei den Eltern eines Kindes der Fall ist, sondern verlangt die Feststellung der positiven Wirkung des Umgangs im Einzelfall. In der Praxis erfolgt der Umgang mit den jeweiligen Großeltern über von den Eltern vermittelte Besuche und sonstige Kontakte.

Gegen den Willen der Eltern hingegen wird ein Umgang nur dann zu erzwingen sein, wenn das Kind über einen längeren Zeitraum intensiven Umgang mit dem Betroffenen gehabt hat und sein Wille, diesen beizubehalten, so ausgeprägt ist, dass er den mit einer erzwungenen Umgangsregelung einhergehenden Spannungen standhält

Eine Verpflichtung der in § 1685 BGB genannten Personen zum Umgang mit dem Kind ist dem deutschen Recht fremd.

Begleiteter Umgang

Bei gestörter Kommunikation zwischen den getrenntlebenden oder geschiedenen Eltern kann das Familiengericht einen betreuten Umgang (jetzt überwiegend "Begleiteter Umgang" genannt) anordnen. Das betroffene Kind trifft dann den Elternteil, bei dem es nicht lebt, unter Aufsicht von Fachkräften in einer geeigneten Einrichtung. Hierfür hat eine Fachkommission im Auftrag des Bundesfamilien Ministeriums fachliche. Standards entwickelt die als Empfehlung für die Praxis im Sommer 2007 verabschiedet und anschließend veröffentlicht wurden

Der Auskunftsanspruch

Der umgangsberechtigte und der betreuende Elternteil sind verpflichtet, sich gegenseitig über alle Umstände, die für das Befinden und die Entwicklung des Kindes wesentlich sind, zu informieren. Der Auskunftsanspruch besteht unabhängig neben dem Umgangsrecht. Auch der betreuende Elternteil kann Auskunft vom umgangsberechtigten Elternteil verlangen, z.B. über Erkrankungen des Kindes während des Umgangs. Der Auskunftsanspruch besteht bis zur Volljährigkeit des Kindes.

Der Auskunft verlangende Elternteil muss ein berechtigtes Interesse an der Information haben. Dies ist dann gegeben, wenn er keine andere Möglichkeit hat, sich die gewünschte Information zu beschaffen, z.B. weil das Kind wegen seines Alters nicht selbst Auskunft geben oder der Auskunftsberechtigte sein Umgangsrecht nicht wahrnehmen kann, z.B, weil er/sie sich im Ausland aufhält. Auch ein vom Umgang ausgeschlossener Elternteil hat einen Auskunftsanspruch, Ein berechtigtes Interesse fehlt, wenn die Auskunft dem Wohl des Kindes widerspricht. Damit soll ein Missbrauch des Auskunftsrechts verhindert werden.

Dies kann z.B. bei Informationen über den Aufenthalt des Kindes der Fall sein, wenn der Umgang gerichtlich ausgeschlossen wurde, Auskünfte können über die schulische und berufliche Laufbahn des Kindes (z,B, Kopien der Zeugnisse), die Lebenssituation und Interessen des Kindes sowie über den Gesundheitszustand verlangt werden, bestehen keine Umgangskontakte, kann auch die Überlassung von Fotos verlangt werden, Soweit das Kind entsprechend seinem Alter allein über seine höchstpersönlichen Angelegenheiten entscheiden darf, besteht kein Auskunftsanspruch. Dies betrifft z.B. Arztbesuche, etwa beim Frauenarzt, das soziale und politische Engagement des Kindes sowie freundschaftliche und familiäre Kontakte.

Die wechselseitige Information über Belange des Kindes ist unabhängig vom familienrechtlichen Auskunftsanspruch für ein Gelingen des Umgangs wichtig. Die Informationen über den Alltag des Kindes oder besondere Ereignisse erleichtern die Einschätzung der kindlichen Stimmungen und Bedürfnisse. Dass die erwünschten Auskünfte freiwillig und gern gegeben werden, setzt ein Vertrauensverhältnis der Eltern voraus.

Dies ist aber nicht möglich, wenn die vom anderen Elternteil oder vom Kind erbetenen Auskünfte dazu dienen sollen, Informationen über den anderen Elternteil bzw., den/die ehemalige(n) Partner(in) und dessen/deren neue Lebenssituation (z.B. neue Partnerschaften) zu erhalten,

Der Unterhalt

Ausbleibende oder zu geringe Unterhaltszahlungen berechtigen den betreuenden Elternteil nicht dazu, den Umgang des Kindes mit, dem Umgangsberechtigten Elternteil einschränken oder auszuschließen. Das gilt selbst dann, wenn der Unterhaltspflichtige seine Unterhaltszahlungen trotz Leistungsfähigkeit verringert oder einstellt. Der geschuldete Unterhalt kann nur vor Gericht eingeklagt und im Wege der Zwangsvollstreckung eingetrieben werden. Da das Umgangsrecht zuallererst ein Recht des Kindes ist, käme eine Verknüpfung von Unterhaltszahlungen und Umgang einer Bestrafung des Kindes gleich.

Ebenso wenig ist der Unterhaltspflichtige berechtigt, seine Unterhaltszahlungen von der Einhaltung der vereinbarten Umgangskontakte abhängig zu machen. Auch hier sind die Interessen des Kindes vorrangig. Zurück behaltener oder verweigerter Unterhalt ist auch kein zulässiges Mittel, um eine gewünschte Änderung der Umgangsvereinbarung oder im Verhalten des anderen Elternteils zu erzwingen. Der Unterhalt ist unabhängig vom Umgang in der festgelegten Höhe zu zahlen. Nur bei fortgesetzter, massiver und schuldhafter Umgangsvereitelung durch den betreuenden Elternteil kommt eine Kürzung des Anspruchs auf Ehegattenunterhalt in Betracht. Davon unberührt ist die Pflicht zur Zahlung von Kindesunterhalt.

Internationale Normen

Die Kinderrechtskonvention der Vereinten Nationen vom 20. November 1989 (am 26. Januar l990 von Deutschland unterzeichnet, in Deutschland in Kraft getreten am 5. April 1992)

Artikel 2 [Achtung der Kinderrechte; Diskriminierungsverbot] (1) Die Vertragsstaaten achten die in diesem Übereinkommen festgelegten Rechte und gewährleisten sie jedem ihrer Hoheitsgewalt unterstehenden Kind.

Ohne jede Diskriminierung unabhängig von der Rasse, der Hautfarbe, dem Geschlecht, der Sprache, der Religion, der politischen und sonstigen Anschauung, der nationalen, ethnischen oder sozialen Herkunft, des Vermögens, einer Behinderung, der Geburt oder des sonstigen Status des Kindes, seiner Eltern oder seines Vormunds.

(2) Die Vertragsstaaten treffen alle geeigneten Maßnahmen, um sicherzustellen, dass das Kind vor allen Formen der Diskriminierung oder Bestrafung wegen des Status, der Tätigkeit, der Meinungsäußerungen oder der Weltanschauung seiner Eltern, seines Vormunds oder seiner Familienangehörigen geschützt wird.

Artikel 3 (Wohl des Kindes] (1) Bei allen Maßnahmen, die Kinder betreffen, gleichviel ob sie von öffentlichen oder privaten Einrichtungen der sozialen Fürsorge, Gerichten, Verwaltungsbehörden oder Gesetzgebungsorganen getroffen werden, ist das Wohl des Kindes ein Gesichtspunkt, der vorrangig zu berücksichtigen ist,

(2) Die Vertragsstaaten verpflichten sich, dem Kind unter Berücksichtigung der Rechte und Pflichten seiner Eltern, seines Vormunds oder anderer für das Kind gesetzlich verantwortlicher Personen den Schutz und die Fürsorge zu gewährleisten, e zu seinem Wohlergehen notwendig sind; zu diesem Zweck treffen sie alle eigneten Gesetzgebungs- und Verwaltungsmaßnahmen.

(3) Die Vertragsstaaten stellen sicher, dass die für die Fürsorge für das Kind oder dessen Schutz verantwortlichen Institutionen, Dienste und Einrichtungen den von den ständigen Behörden festgelegten Normen entsprechen, insbesondere im Bereich der Sicherheit und der Gesundheit sowie hinsichtlich der Zahl und der fachlichen Eignung des Personals und des Bestehens einer ausreichenden Aufsicht.

Artikel 5 [Respektierung des Elternrechts) Die Vertragsstaaten achten die Aufgaben, Rechte und Pflichten der Eltern oder gegebenenfalls, soweit nach Ortbrauch vorgesehen, der Mitglieder der weiteren Familie oder der Gemeinschaft, des Vormunds oder anderer für das Kind gesetzlich verantwortlicher Personen, das Kind bei der Ausübung der in diesem Übereinkommen anerkannten Rechte in einer seiner Entwicklung entsprechenden Weise angemessen zu leiten und zu führen.

Artikel 6 [Recht auf Leben) (1) die Vertragsstaaten erkennen an, dass jedes Kind ein angeborenes Recht auf Leben hat.

(2) Die Vertragsstaaten gewährleisten in größtmöglichem Umfang das

Überleben und die Entwicklung des Kindes,

Artikel 8 [Identität)

(1) Die Vertragsstaaten verpflichten sich, das Recht des Kindes zu achten, seine Identität, einschließlich seiner Staatsangehörigkeit, seines Namens und seiner gesetzlich anerkannten Familienbeziehungen, ohne rechtswidrige Eingriffe zu behalten.

(2) Werden einem Kind widerrechtlich einige oder alle Bestandteile seiner Identität genommen, so gewähren die Vertragsstaaten ihm angemessenen Beistand und Schutz mit dem Ziel, seine Identität so schnell wie möglich wiederherzustellen.

Artikel 9 Trennung von den Eltern; persönlicher Umgang] (1) Die Vertragsstaaten stellen sicher, dass ein Kind nicht gegen den Willen seiner Eltern von diesen getrennt wird es sei denn, dass die zuständigen Behörden in einer gerichtlich nachprüfbaren Entscheidung nach den anzuwendenden Rechtsvorschriften und Verfahren bestimmen, dass diese Trennung zum Wohl des Kindes notwendig ist. Eine solche Entscheidung kann im Einzelfall notwendig werden, wie etwa wenn das Kind durch die Eltern misshandelt oder vernachlässigt wird oder wenn bei getrenntlebenden Eltern eine Entscheidung über den Aufenthaltsort des Kindes zu treffen ist.

(2) In Verfahren nach Absatz 1 ist allen Beteiligten Gelegenheit zu geben, am Verfahren teilzunehmen und ihre Meinung zu äußern,

(3) Die Vertragsstaaten achten das Recht des Kindes, das von einem oder beiden Elternteilen getrennt ist, regelmäßige persönliche Beziehungen und unmittelbare Kontakte zu beiden Elternteilen zu pflegen, soweit dies nicht dem Wohl des Kindes

(4) Ist die Trennung Folge einer von einem Vertragsstaat eingeleiteten Maßnahme, wie etwa einer Freiheitsentziehung, Freiheitsstrafe, Landesverweisung oder Abschiebung oder des Todes eines oder beider Elternteile oder des Kindes (auch eines Todes, der aus irgendeinem Grund eintritt, während der Betreffende sich in staatlichem Gewahrsam befindet), so erteilt der Vertragsstaat auf Antrag den Eltern, dem Kind oder gegebenenfalls einem anderen Familienangehörigen die wesentlichen Auskünfte über den Verbleib des oder der abwesenden Familienangehörigen, sofern dies nicht dem Wohl des Kindes abträglich wäre. Die Vertragsstaaten stellen ferner sicher, dass allein die Stellung eines solchen Antrags keine nachteiligen Folgen für den oder die Betroffenen hat.

Artikel 10 (Familienzusammenführung: grenzüberschreitende Kontakte) (1) Entsprechend der Verpflichtung der Vertragsstaaten nach Artikel 9 Absatz 1 werden von einem Kind oder seinen Eltern zwecks Familienzusammenführung gestellte Anträge auf Einreise in einen Vertragsstaat oder Ausreise aus einem Vertragsstaat von den Vertragsstaaten wohlwollend, human und beschleunigt bearbeitet. Die Vertragsstaaten stellen ferner sicher, dass die Stellung eines solchen Antrags keine nachteiligen Folgen für die Antragsteller und deren Familienangehörige hat.

(2) Ein Kind, dessen Eltern ihren Aufenthalt in verschiedenen Staaten haben, hat das Recht, regelmäßige persönliche Beziehungen und unmittelbare Kontakte zu beiden Elternteilen zu pflegen, soweit nicht außergewöhnliche Umstände vorliegen. Zu diesem Zweck achten die Vertragsstaaten entsprechend ihrer Verpflichtung nach Artikel 9 Absatz 1 das Recht des Kindes und seiner Eltern, aus jedem Land einschließlich ihres eigenen auszureisen und in ihr eigenes Land einzureisen. Das Recht auf Ausreise aus einem Land unterliegt nur den gesetzlich vorgesehenen Beschränkungen.

Die zum Schutz der nationalen Sicherheit, der öffentlichen Ordnung (ordre Public), der Volksgesundheit, der öffentlichen Sittlichkeit oder der Rechte und Freiheiten anderer notwendig und mit den anderen in diesem Übereinkommen anerkannten Rechten vereinbar sind,

Artikel 12 [Berücksichtigung des Kindeswillens (1) Die Vertragsstaaten sichern dem Kind, das fähig ist, sich eine eigene Meinung zu bilden, das Recht zu, diese Meinung in allen das Kind berührenden Angelegenheiten frei zu äußern, und berücksichtigen die Meinung des Kindes angemessen und entsprechend seinem Alter und seiner Reife.

(2) Zu diesem Zweck wird dem Kind insbesondere Gelegenheit gegeben, in allen das Kind berührenden Gerichts oder Verwaltungsverfahren entweder der in diesem Übereinkommen festgelegten Rechte unterstützen die Vertragsstaaten die Eltern und den Vormund in angemessener Weise bei der Erfüllung ihrer Aufgabe, das Kind zu erziehen, und sorgen für den Ausbau von Institutionen, Einrichtungen und Diensten für die Betreuung von Kindern.

(3) Die Vertragsstaaten treffen alle geeigneten Maßnahmen, um sicherzustellen, dass Kinder berufstätiger Eltern das Recht haben, die für sie in Betracht kommenden Kinderbetreuungsdienste und -Einrichtungen zu nutzen, unmittelbar oder durch einen Vertreter oder eine geeignete Stelle im Einklang mit den innerstaatlichen Verfahrensvorschriften gehört zu werden.

Artikel 16 [Schutz der Privatsphäre und Ehre]

1. Kein Kind darf willkürlichen oder rechtswidrigen Eingriffen in sein Privatleben, seine Familie, seine Wohnung oder seinen Schrittverkehr oder rechtswidrigen Beeinträchtigungen seiner Ehre und seines Rufes ausgesetzt werden.

(2) Das Kind hat Anspruch auf rechtlichen Schutz gegen solche Eingriffe öder Beeinträchtigungen.

Artikel 18 [Verantwortung für das Kindeswohl)

(1) Die Vertragsstaaten bemühen sich nach besten Kräften, die Anerkennung des Grundsatzes sicherzustellen, dass beide Elternteile gemeinsam für die Erziehung und Entwicklung des Kindes verantwortlich sind. Für die Erziehung und Entwicklung des Kindes sind in erster Linie die Eltern oder gegebenenfalls der Vormund verantwortlich. Dabei ist das Wohl des Kindes ihr Grundanliegen.

(2) Zur Gewährleistung und Förderung der in diesem Übereinkommen festgelegten Rechte unterstützen die Vertragsstaaten die Eltern und den Vormund in angemessener Weise bei der Erfüllung ihrer Aufgabe, das Kind zu erziehen, und sorgen für den Ausbau von Institutionen, Einrichtungen und Diensten für die Betreuung von Kindern.

(3) Die Vertragsstaaten treffen alle geeigneten Maßnahmen, um sicherzustellen, dass Kinder berufstätiger Eltern das Recht haben, die für sie in Betracht kommenden Kinderbetreuungsdienste und - Einrichtungen zu nutzen.

Recht auf europäischer Ebene

Charta der Grundrechte der Europäischen Union (vom Europäischen Rat beschlossen, aber noch nicht in Kraft)

Artikel 24 [Rechte des Kindes)

(1) Kinder haben Anspruch auf den Schutz und die Fürsorge, die für ihr Wohlergehen notwendig sind, Sie können ihre Meinung frei äußern, ihre Meinung wird in den Angelegenheiten, die sie betreffen, in einer ihrem Alter und ihrem Reifegrad entsprechenden Weise berücksichtigt.

2. Bei allen Kindern betreffenden Maßnahmen öffentlicher oder privater Einrichtungen muss das Wohl des Kindes eine vorrangige Erwägung sein.

(3) Jedes Kind hat Anspruch auf regelmäßigen persönlichen Beziehungen und direkte Kontakte zu beiden Elternteilen, es sei denn, dies steht seinem Wohl entgegen,

Verordnung (EG) Nr.2201/2003 Des Rates vom 27. November 2003 über die Zuständigkeit und die Anerkennung und Vollstreckung von Entscheidungen In Ehesachen und in Verfahren Betreffend die elterliche Verantwortung

Von besonderer Bedeutung für Fragen des Umgangsrechts sind unter anderem die Artikel 8-15, 41,48,50 und 55. Die Verordnung trat am 1. März 2005 in Kraft, Sie löste die Verordnung (EG) Nr. 1347/2000 des Rates vom 29. Mai 2000 über die Zuständigkeit und die Anerkennung und Vollstreckung von Entscheidungen in Ehesachen und in Verfahren betreffend die elterliche Verantwortung für die gemeinsamen Kinder der Ehegatten ab.

Deutsche Rechte Zum Umgang

Das Grundgesetz

Artikel 3 [Gleichheit vor dem Gesetz; Gleichberechtigung von Männern und Frauen; Diskriminierungsverbot] (1) Alle Menschen sind vor dem Gesetz gleich,

(2) Männer und Frauen sind gleichberechtigt. Der Staat fördert die tatsächliche Durchsetzung der Gleichberechtigung von Frauen und Männern und wirkt auf die Beseitigung bestehender Nachteile hin,

(3) Niemand darf wegen seines Geschlechts, seiner Abstammung, seiner Rasse, seiner Sprache, seiner Heimat und Herkunft, seines Glaubens, seiner religiösen oder politischen Anschauungen benachteiligt oder bevorzugt werden. Niemand darf wegen seiner Behinderung benachteiligt werden.

Artikel 6 [Ehe und Familie; nichteheliche Kinder] (1) Ehe und Familien stehen unter dem besonderen Schutze der staatlichen Ordnung.

(2) Pflege und Erziehung der Kinder sind das natürliche Recht der Eltern und die zuvörderst ihnen obliegenden Pflicht. Über ihre Betätigung wacht die staatliche Gemeinschaft. (3) Gegen den Willen der Erziehungsberechtigten dürfen Kinder nur auf Grund eines Gesetzes von der Familie getrennt werden, wenn die Erziehungsberechtigten versagen oder wenn die Kinder aus anderen Gründen zu verwahrlosen drohen.

(4) Jede Mutter hat Anspruch auf Schutz und Fürsorge der Gemeinschaft.

(5) Den unehelichen Kindern sind durch die Gesetzgebung die gleichen Bedingungen für ihre leibliche und seelische Entwicklung und ihre Stellung in der Gesellschaft zu schaffen wie den ehelichen Kindern.

Das Bürgerliche Gesetzbuch (BGB)

1626 [Elterliche Sorge, Grundsätze)

(1) 1 Die Eltern haben die Pflicht und das Recht, für das minderjährige Kind zu sorgen (elterliche Sorge).2 Die elterliche Sorge umfasst die Sorge für die Person des Kindes (Personensorge)und das Vermögen des Kindes (Vermögenssorge),

(2) 1 Bei der Pflege und Erziehung berücksichtigen die Eltern die wachsende Fähigkeit und das Bedürfnis des Kindes zu selbstständigem verantwortungsbewusstem Handeln.

2 Sie besprechen mit dem Kind, soweit es nach dessen Entwicklungsstand angezeigt ist, Fragen der elterlichen Sorge und streben Einvernehmen an,

(3) 1 Zum Wohle des Kindes gehört in der Regel der Umgang mit beiden Elternteilen. 2 Gleiches gilt für den Umgang mit anderen Personen, zu denen das Kind Bindungen besitzt, wenn ihre Aufrechterhaltung für seine Entwicklung förderlich ist.

§ 1631 [Inhalt und Grenzen der Personensorge) (1) Die Personensorge umfasst insbesondere die Pflicht und das Recht, das Kind zu pflegen, zu erziehen, zu beaufsichtigen und seinen Aufenthalt zu bestimmen.

(2) 1 Kinder haben ein Recht auf gewaltfreie Erziehung, 2 Körperliche Bestrafungen, seelische Verletzungen und andere entwürdigende Maßnahmen sind unzulässig,

(3) Das Familiengericht hat die Eltern auf Antrag bei der Ausübung der Personensorge in geeigneten Fällen zu unterstützen.

§ 1632 [Herausgabe des Kindes; Bestimmung des Umgangs; Verbleibsanordnung bei Familienpflege) (1) Die Personensorge umfasst das Recht, die Herausgabe des Kindes von jedem zu verlangen, der es den Eltern oder Elternteilen widerrechtlich vorendhält.

(2) Die Personensorge umfasst ferner das Recht, den Umgang des Kindes auch mit Wirkung für und gegen Dritte zu bestimmen.

(3) Über Streitigkeiten, die eine Angelegenheit nach Absatz 1 oder 2 betreffen, entscheidet das Familiengericht im Auftrag eines Elternteils,

(4) Lebt das Kind seit längerer Zeit in Familienpflege und wollen die Eltern das Kind von der Pflegeperson wegnehmen, so kann das Familiengericht von Amts wegen oder auf Antrag der Pflegeperson anordnen, dass das Kind bei der Pflegeperson verbleibt, wenn und solange das Kindeswohl durch die Wegnahme gefährdet würde.

§ 1682 (Verbleibens Anordnungen zugunsten von Bezugspersonen) 1 Hat das Kind seit längerer Zeit in einem Haushalt mit einem Elternteil und dessen Ehegatten gelebt und will der andere Elternteil, der nach §§ 1678,1680, 1681 den Aufenthalt des Kindes nunmehr alleine bestimmen kann, das Kind von dem Ehegatten wegnehmen, so kann das Familiengericht von Amts wegen oder auf Antrag des Ehegatten anordnen, dass das Kind bei dem Ehegatten verbleibt, wenn und solange das Kindeswohl durch die Wegnahme gefährdet würde. 2 Satz 1 gilt entsprechend, wenn das Kind seit längerer Zeit in einem Haushalt mit einem Elternteil und dessen Lebenspartner oder einer nach § 1685 Abs, 1 umgangsberechtigten volljährigen Person gelebt hat.

§ 1684 [Umgangsrecht von Kind und Eltern) (!) Das Kind hat das Recht auf Umgang mit jedem Elternteil; jeder Elternteil ist zum Umgang mit dem Kind verpflichtet und berechtigt.

(2) 1 Die Eltern haben alles zu unterlassen, was das Verhältnis des Kindes zum jeweiligen anderen Elternteil beeinträchtigt oder die Erziehung erschwert. 2 Entsprechendes gilt, wenn sich das Kind in der Obhut einer anderen Person befindet.

(3) 1 Das Familiengericht kann über den Umfang des Umgangsrechts entscheiden und seine Ausübung, auch gegenüber Dritten, näher regeln.

2 Es kann die Beteiligten durch Anordnung zur Erfüllung der in Absatz 2 geregelten Pflicht anhalten.

(4) 1 Das Familiengericht kann das Umgangsrecht oder den Vollzug früherer Entscheidungen über das Umgangsrecht einschränken oder ausschließen, soweit dies zum Wohle des Kindes erforderlich ist.

2 Eine Entscheidung, die das Umgangsrecht oder den Vollzug für längere Zeit oder auf Dauer einschränkt oder ausschließt, kann nur ergehen, wenn andernfalls das Wohl des Kindes gefährdet wäre.

3 Das Familiengericht kann insbesondere anordnen, dass der Umgang nur stattfinden darf, wenn ein mitwirkungsbereiter Dritter anwesend ist. 4 Dritter kann auch ein Träger der Jugendhilfe oder ein Verein sein; dieser bestimmt dann jeweils, welche Einzelperson die Aufgabe wahrnimmt.

§ 1685 [Umgang des Kindes mit anderen Bezugspersonen)

(1) Großeltern und Geschwister haben ein Recht auf Umgang mit dem Kind, wenn dieser dem Wohl des Kindes dient,

(2) Gleiches gilt für enge Bezugspersonen des Kindes, wenn diese für das Kind tatsächliche Verantwortung tragen oder getragen haben (sozial-familiäre Beziehung).

Eine Übernahme tatsächlicher Verantwortung ist in der Regel anzunehmen, wenn die Person mit dem Kind längere Zeit in häuslicher Gemeinschaft zusammengelebt hat, (3) § 1684 Abs, 2 bis 4 gilt entsprechend.

§ 1686 [Auskunft über die persönlichen Verhältnisse]

1 Jeder Elternteil kann vom anderen Elternteil bei berechtigtem Interesse Auskunft über die persönlichen Verhältnisse des Kindes verlangen, soweit dies dem Wohle des Kindes nicht widerspricht.

2 Über Streitigkeiten entscheidet das Familiengericht,

§ 1697a [Kindeswohlprinzip) Soweit nichts anderes bestimmt ist, trifft das Gericht in Verfahren über die in diesem Titel geregelten Angelegenheiten diejenige Entscheidung, die unter Berücksichtigung der tatsächlichen Gegebenheiten und Möglichkeiten sowie der berechtigten Interessen aller Beteiligten dem Wohle des Kindes am besten entspricht

Das Gesetz über die Angelegenheiten der freiwilligen Gerichtsbarkeit (FGG)

§ 12 [Ermittlung von Amts wegen) Das Gericht hat von Amts wegen die zur Feststellung der Tatsachen erforderlichen Ermittlungen zu veranstalten und die geeignet erscheinenden Beweise aufzunehmen.

§ 33 [Zwangsgeld; unmittelbarer Zwang] (1) 1 Ist jemandem durch eine Verfugung des Gerichts die Verpflichtung auferlegt, eine Handlung vorzunehmen, die ausschließlich von seinem Willen abhängt, oder eine Handlung zu unterlassen oder die vornahmen einer Handlung zu dulden, so kann ihn das Gericht, soweit sich nicht aus dem Gesetz ein anderes ergibt, zur Befolgung seiner Anordnung durch Festsetzung von Zwangsgeld anhalten. 2 Ist eine Person herauszugeben, kann das Gericht unabhängig von der Festsetzung eines Zwangsgeldes die Zwangshaft anordnen,

3 Bei Festsetzung des Zwangsmittels sind dem Beteiligten zugleich die Kosten des Verfahrens aufzuerlegen. (2) 1 Soll eine Sache oder eine Person herausgegeben oder eine Sache vorgelegt werden oder ist eine Anordnung ohne Gewalt nicht durchzuführen, so kann auf Grund einer besonderen Verfugung des Gerichts unabhängig von den gemäß Absatz 1 festgesetzten Zwangsmittel auch Gewalt gebraucht werden, 2 Eine Gewaltanwendung gegen ein Kind darf nicht zugelassen werden, wenn das Kind herausgegeben werden soll, um das Umgangsrecht auszuüben, (3) Von einem Abdruck wurde abgesehen.

§ 49a [Anhörung des Jugendamtes durch das Familiengericht] (1) Das Familiengericht hört, das Jugendamt vor einer Entscheidung nachfolgenden Vorschriften des Bürgerlichen Gesetzbuchs.

1. Befreiung vom Erfordernis der Volljährigkeit (§1303 Abs,2) 2, Ersetzung der Zustimmung zur Bestätigung der Ehe (§ 1315 Abs, 1 Satz 3 zweiter Halbsatz), 3. Übertragung von Angelegenheiten der elterlichen Sorge auf die Pflegeperson (§ 1630 Abs, 3), 4. Unterstützung der Eltern bei der Ausübung der Personensorge (§ 1631 Abs. 3), 5. Unterbringung, die mit Freiheitsentziehung verbunden ist (§§ 1631 b, 1800, 1915), 6. Herausgabe des Kindes,

Wegnahme von der Pflegeperson (§ 1632 Abs. 1,4) oder von dem Ehegatten oder Umgangsberechtigten (§ 1682), 7. Umgang mit dem Kind (§ 1632 Abs, 2, §§ 1684,1685), 8, Gefährdung des Kindeswohls (§ 1666), 9. Sorge bei Getrenntleben der Eltern (§§ 1671,1672 Abs. 1), 10, Ruhen der elterlichen Sorge (§ 1678 Abs. 2), 11. elterliche Sorge nach dem Tod eines Elternteils (§ 1680 Abs. 2, § 1681), 12. elterliche Sorge nach Entziehung (§ 1680 Abs. 3) (2) Das Familiengericht soll das Jugendamt in Verfahren über die Überlassung der Ehrwohnung (§ 1361 b des Bürgerlichen Gesetzbuchs) oder nach § 2 des Gewaltschutzgesetzes vor einer ablehnenden Entscheidung anhören, wenn Kinder im Haushalt der Beteiligten leben.

§ 50 [Bestellung eines Pflegers]

(1) Das Gericht kann dem minderjährigen Kind einen Pfleger für ein seine Person betreffendes Verfahren bestellen, soweit dies zur Wahrnehmung seiner Interessen erforderlich ist, (2) 1 Die Bestellung ist in der Regel erforderlich, wenn 1. das Interesse des Kindes zu dem seiner gesetzlichen Vertreter in erheblichem Gegensatz steht, 2. Gegenstand des Verfahrens Maßnahmen wegen Gefahrdung des Kindeswohls sind, mit denen die Trennung des Kindes von seiner Familie oder die Entziehung der gesamten Personensorge verbunden ist

(2) (§§ 1666, 1666 des
Bürgerlichen Gesetzbuchs),
oder

3, Gegenstand des Verfahrens die
Wegnahme des Kindes von der
Pflegeperson (§ 1632 Abs. 4 des
Bürgerlichen Gesetzbuchs) oder
von dem Ehegatten, dem
Lebenspartner oder
Umgangsberechtigten (§ 1682 des
Bürgerlichen Gesetzbuchs) ist. 2
Sieht das Gericht in diesen Fällen
von der Bestellung eines Pflegers
für das Verfahren ab, so ist dies
in der Entscheidung zu
begründen, die die Person des
Kindes betrifft.

(3) Die Bestellung soll unterbleiben oder aufgehoben werden, wenn die Interessen des Kindes von einem Rechtsanwalt oder einen anderen geeigneten Verfahrensbevollmächtigten angemessen vertreten werden, (4) Die Bestellung endet, sofern sie nicht vorher aufgehoben wird, 1. mit der Rechtskraft der das Verfahren abschließenden Entscheidung oder 2. mit dem sonstigen Abschluss des Verfahrens. (5) Der Ersatz von Aufwendungen und die Vergütung des Pflegers bestimmen sich entsprechend § 67 Abs. 3,

§ 50a [Persönliche Anhörung der Eltern in Sorgerechtsverfahren)

(1)1 Das Gericht hört in einem Verfahren, das die Personen- oder Vermögenssorge für ein Kind betrifft, die Eltern an. 2 In Angelegenheiten der Personensorge soll das Gericht die Eltern in der Regel persönlich anhören. 3 in den Fällen der §§ 1666 und 1666 a des Bürgerlichen Gesetzbuchs sind die Eltern stets persönlich einzuhören, um mit ihnen zu klären, wie die Gefährdung des Kindeswohls abgewendet werden kann.

(2) Einen Elternteil, dem die Sorge nicht zusteht, hört das Gericht an, es sei denn.

dass von der Anhörung eine Aufklärung nicht erwartet, werden Gericht darf von der Anhörung nur aus schwerwiegenden Gründen absehen. 2 Unterbleibt die Anhörung allein wegen der Gefahr im Verzug so ist sie unverzüglich nachzuholen. (4) Die Absätze 2 und 3 gelten für die Eltern des Mündels entsprechend,

§ 50b [Persönliche Anhörung des Kindes oder Mündels in Sorgerechtsverfahren)

(1) Das Gericht hört in einem Verfahren, das die Personen- oder Vermögenssorge betrifft, das Kind persönlich an, wenn die Neigungen, Bindungen oder der Wille des Kindes für die Entscheidung von Bedeutung sind oder wenn es zur Feststellung des Sachverhalts angezeigt erscheint, dass sich das Gericht von dem Kind einen unmittelbaren Eindruck verschafft.

(2) 1 Hat das Kind das vierzehnte Lebensjahr vollendet und ist es nicht geschäftsunfähig, so hört das Gericht in einem Verfahren, dass die Personensorge betrifft, das Kind stets persönlich an. 2 In vermögensrechtlichen Angelegenheiten soll das Kind persönlich angehört werden, wenn dies nach der Art der Angelegenheit angezeigt erscheint. 3 Bei der Anhörung soll das Kind, soweit nicht Nachteile für seine Entwicklung oder Erziehung zu befürchten sind, über den Gegenstand und möglichen Ausgang des Verfahrens in geeigneter Weise unterrichtet werden; ihm ist Gelegenheit zur Äußerung zu geben.

(3) 1 in den Fällen des Absatzes 1 und Absatzes 2 Satz 1 darf das Gericht von der Anhörung nur aus schwerwiegenden Gründen absehen. 2 Unterbleibt die Anhörung allein wegen Gefahr im Verzuge, so ist sie unverzüglich nachzuholen. (4) Die Absätze 1 bis 3 gelten für Mündel entsprechend.

§ 50c [Anhörung der Pflegeperson in Personensorgerechtsverfahrenl 1 lebt ein Kind seit längerer Zeit in Familienpflege, so hört das Gericht in allen die Person des Kindes betreffenden Angelegenheiten auch die Pflegeperson an, es sei denn, dass davon eine Aufklärung nicht erwartet werden kann.

2 Satz 1 gilt entsprechend, wenn das Kind auf Grund einer Entscheidung nach § 1682 des Bürgerlichen Gesetzbuchs bei dem dort genannten Ehegatten, Lebenspartner oder Umgangsberechtigten lebt.

52 [Hinwirkung auf einvernehmliche Regelungen)

1) 1 in einem die Person eines Kindes betreffenden Verfahren soll das Gericht so früh wie möglich und in jeder Lage des Verfahrens auf ein Einvernehmen der Beteiligten hinwirken.

2 Es soll die Beteiligten so früh wie möglich anhören und auf bestehende Möglichkeiten der Beratung durch die Beratungsstellen und -dienste der Träger der Jugendhilfe insbesondere zur Entwicklung eines einvernehmlichen Konzepts für die Wahrnehmung der elterlichen

Sorge und der elterlichen
Verantwortung hinweisen,

2) Soweit dies nicht zu einer für
das Kindeswohl nachteiligen
Verzögerung führt, soll das
Gericht das Verfahren aussetzen,
wenn 1, die Beteiligten bereit
sind, außergerichtliche Beratung
in Anspruch zu nehmen, oder 2.
nach freier Überzeugung des
Gerichts Aussicht auf ein
Einvernehmen der Beteiligten
besteht; in diesem Fall soll das
Gericht den Beteiligten
nahelegen, eine außergerichtliche
Beratung in Anspruch zu
nehmen.